Hallo und willkommen bei der witzigsten Fußballübertragung seit Erfindung der Abseitsfalle. Wir schalten heute wirklich überall hin und präsentieren Ihnen Tore, Cartoons und unverbriefte Fußballanekdoten.
Viel Spaß mit Vollpfosten! Der etwas anderen Fußball-Konferenz …

Oli Hilbring

Vollpfosten!

Die etwas andere Fußball-Konferenz

Es berichten

Wie sagte schon Berti Vogts, zu Steffen Freund, als dieser in der Nationalelf debütierte …
Zieh dich aus Steffen, es geht los!

Marcel Steif begrüßt zum Top-Spiel in der Proviant Arena. Alles ist bereit, wir warten nur noch auf einen Spieler.
Sekündchen, bin gleich soweit...

Hallöchen hier spricht Werner Hanf. Anstoß in Berlin. Gleichwohl noch einige Fans unterwegs zum Stadion sind.
Ick fahr zum Fußball.
Fußball mit nur einem Bein? Respekt!
H

Hier meldet sich Ferdinand von Früher aus dem Cerveza Stadion. Wir wissen nicht warum, aber der Anpfiff wird sich verzögern.
Oha, das is ein dickes Ding!

Los geht's in der Ruhrpott-Arena. Am Mikro Andy Latte und hier gibt's gleich zum Anpfiff einen Anpfiff.
Es geht los, jetzt beweg endlich deinen Arsch!
Kann nicht, Platzangst!

Der Ball rollt in München und die meisten Zuschauer interessiert: Wie kommt Robben eigentlich immer in die engen Trikots?
Hallo, kann mal bitte jemand ziehen?

Ui, die kam ja schneller als das Pizzataxi. Gelbe Karte für Jermaine Jones.
Kann gar nicht sein, ich war extra vorher beim Mannschaftsarzt.
04

Wogegen soll ich impfen?
Gelbsucht!

Fettnäpfchen in Freiburg! Was für ein Auftakt bei unserer Thekenmannschaft.
Ich glaube ja, in Brasilien gibt`s nur Nutten und Fußballspieler.
Also, ich bitte Sie. Meine Frau kommt aus Brasilien.
Oh, und bei welchem Verein spielt Ihre Gattin?

Hallo liebe Fußballfans,
hier im Cerveza Stadion wird immer
noch nicht gespielt.
Puh, das hab ich
ja noch nie gesehen
Was da wohl los ist?
Aber egal, nutzen wir die Zeit …

… für ein paar lustige Fußball-Anekdoten.
Ferdi von Früher erzählt jetzt einfach mal von früher ha, ha, ha…

In einem Spiel der Saison 80/81 trifft der Ball den Schiedsrichter Max Klauser voll im Gesicht. Der Schiri sackt bewusstlos zu Boden und alle sind geschockt, als Schütze Büscher schreit:
Ach du Kacke, die Pfeife ist weg!
Tooooooooooooor in München!

Tor in München!
Wie aus dem nichts das 1:0 für Dortmund.
Bengalos auf der Ehrentribüne?
Wir liegen hinten. Das ist die Birne von Uli Hoeneß
FCB
FCB

Hier am Betzenberg traut man sich was.
Ein Flachpass wie aus dem Fußballlehrbuch.
Komisch, mein Bier schmeckt schal.
Platzverwaist auf Schalke!

Platzverwaist! Liebe Zuschauer, diese Szene wird sie vom Hocker hauen.
Wem wohl der leere Platz gehört?
Meiner verstorbenen Frau.
Oh, das tut mir leid. Wollte denn niemand anderes mit zum Spiel kommen?
Die sind alle auf der Beerdigung.

Doppelpass in Leverkusen.
Zeit für eine kleine Behandlungspause.
Sie hören Stimmen? Ich tippe auf multiple Persönlichkeit.
Quatsch, es gibt nur ein Rudi Völler!
BAYER
04

Huhu, hier ist das Cerveza Stadion.
Lust auf `ne kleine Anekdote?
In der Saison 87/88 wählte man einmalig den „Größten Treter der Liga“. Gewinner der Wahl: Ulli Borowka.
Der Kommentar seiner Ehefrau damals:
Ich dachte, Du bist nur zuhause so.

Frauengespräch in der Botox Arena!
Wolfgang hat nur Fußball im Kopf. Im Bett läuft da nix mehr.
War bei uns auch so. Du brauchst nur die richtigen Implantate.

Rekord!
Saisonübergreifend war der Hamburger SV vom 30. Januar 1982 bis zum 22. Januar 1983 in 36 Liga-Spielen
ungeschlagen.
Wär nix für mich!

Nichts passiert in der Proviantarena: ganz klar den Ball gespielt.
BALL 7
Flitzer in Düsseldorf, Manni?

Flitzer? Ich würde eher sagen, da hat sich jemand nach der neuen Sicherheitskontrolle nicht wieder angezogen.

Wir schalten zum Anekdoten-König der Liga.

Im Cerveza Stadion wird zwar noch nicht gespielt, aber mittlerweile macht sich der Neuzugang aus Dakota warm …
Unser neuer Stammspieler!
TV

*Wo ich Stammspieler höre:
Da fällt mir doch noch folgende
kleine Anekdote ein …*

Thorsten Legat saß im Wartezimmer bei Dr. Müller Wohlfahrt in München. Plötzlich geht die Tür auf und Schauspieler Pierre Brice kommt von seiner Frau gestützt ins Wartezimmer. Aufgrund der starken Rückenschmerzen fragt die Ehefrau von Pierre Brice, ob ihr Mann eventuell vor dürfte. Thorsten Legat antwortet mit einem knappen „Nee“ und schiebt noch hinterher …

Neue Maßeinheit für Umfallen ohne Fremdeinwirkung: 2 Marko Marin gleich 1 Arjen Robben!
Ach Herr Robben, eine Schwalbe macht noch keinen Sommer!

George Best hat ja mal gesagt,
Paul Gascoigne trage die Nummer 10.
Ich dachte es sei wegen seiner Position,
aber es ist sein IQ.
Rasenschach
in Berlin!

Ein Spiel auf taktisch höchstem Niveau ...
Rasenschach mit meinem König...
...meinen Läufern...

Jetzt spiel mal die verdammte Pille rüber, du Brechkübel.
...und meinem Bauern.

Haben Sie auch schon das neue Sammelalbum?
Sie müssen jetzt ganz stark sein. Ihnen fehlt ein lebensnotwendiges Enzym.
Quatsch, mir fehlen Gomez und der spanische Torwart!
WM 2014 SAMMEL ALBUM

Wie heißt das nochmal, wenn das Spiel verlängert wird?
Extension?

Roooooooooooooo

RollaTor in München!
Mit dem Halbzeitpfiff fällt das 1:1!

Hier in der Ruhrpott-Arena bittet der Schiedsrichter auch zum Pausentee.
Halbzeit auch im Olympiastadion. Wird in Bremen schon gespielt Ferdi?
Rote Karte für …

… Köln, wegen Meckerns!
Mensch Hennes, das ist jetzt schon das dritte Mal.
DFB
FC Kölle
BOCHUM
FC Kölle
FC Kölle

Ich nehme an, im Cerveza Stadion wird immer noch nicht gespielt, Ferdinand von Früher?
Tor im Cerveza Stadion!
Nein, Spaß Wir suchen hier weiter nach dem Grund der Spielverzögerung. Bis dahin geben wir ab zu den Nachrichten.

Die Halbzeit-News mit Nadja Neu.

Willkommen zu den Halbzeit-News. Halbzeit, auch ein gutes Stichwort für die erste Meldung...
NEWS

Arbeitsunfall in Osnabrück ...
Der neue Kollege an der großen Kreissäge, ist der Italiener?
Halbitaliener!
112

Polizeikontrolle in Herne ...
30 Euro? Ok, steig ein!
POLI

Kidnapping in Knüppelheim ...
Selber schuld
WiR HABEN
iHRE
Frau
EntFÜHRT

Seniorenreisen voll im Trend ...
Ich möchte gerne verreisen.
Ok, ich guck mal bei Last Minute.
REISEBÜ

28% der Frauen denken beim Sex an die Hausarbeit ...
Gib mir Tiernamen!
WC Ente!

12% der deutschen Männer leiden unter der Immobilienblase ...
Am besten direkt zum Hausarzt.

Ein großer Erfinder wäre heute 135 Jahre alt geworden …
KOPIER PAPIER DIN A4 3,-
Wer hat eigentlich die Papiergrößen erfunden?
KOPIER PAPIER DIN A4
James DIN!

Neumodisches aus Übersee ...
Warum laufen Sie mir die ganze Zeit hinterher?
Neuer Trendsport aus Hollywood, Nordic Stalking!

Zum Ende der News noch ein Aufruf. Die Polizei in Dortmund sucht einen Triebtäter.
NEWS

Datt wär doch was für Dich!

Bevor es mit der zweiten Halbzeit los geht, noch eine Meldung. Die FIFA überlegt die Spielfelder kleiner zu machen …
Geil! Endlich mehr Platz an der Seitenlinie.
09

Borussia Dortmund lag in einem Freundschaftsspiel in Moskau zur Halbzeit zurück, was in kyrillischen Buchstaben auf der Anzeigetafel zu lesen war: 1:0 Mockba, 2:0 Mockba, 3:0 Mockba. Als Stan Libuda aus der Kabine zurückkehrte, machte er seinem Ärger Luft …
Wenn den Mockba nicht bald einer deckt, dann haut er uns noch mehr rein!
Mockba 1:0
MOCKBA 2:0
MOCKBA 3:0

Die zweite Halbzeit wird ihnen präsentiert vom Sanitätshaus Schlottermann …

Wenn's Opa nicht mehr halten kann, macht Schlottermann 'ne Tüte dran!

Wir haben Bruno Labadia am Mikro ...
Wir werden jetzt unseren amerikanischen Neuzugang einwechseln. Der hat den Killerinstinkt!
TV

Anpfiff zur zweiten Halbzeit.
Jetzt werden sicherlich auch
die Spielerberater Einfluss nehmen.

Hier spricht Ferdinand von Früher.
Auf dem Platz tut sich immer noch nix,
aber wussten Sie eigentlich, dass …
… beim Fußball der Azteken der Kapitän einer siegreichen Mannschaft von seinen Mitspielern auf Schultern zum Tempel getragen und dann als Opfergabe enthauptet wurde.
Da bekommt der Begriff Kopfball eine neue Bedeutung.

Halbzeit zwei. Nürnberg arbeitet an seinem Stehvermögen …
Der Trainer hat gesagt, dass er uns Viagra kauft. Damit wir standhafter werden. Hi, hi, hi!
Und auf welcher Position soll dieser Viagra spielen?
Tooooooooooooor für Stuttgart …

Da hat Labadia nicht zu viel versprochen. Der Neuzugang hat sogar die komplette Abwehr ausgeschaltet. 1:0 Stuttgart.

Handspiel in Hoffenheim! Der Keeper sah in letzter Zeit im Tor ziemlich scheiße aus. Ab zum Schönheitschirurgen.
Ich lasse mir die Hände vergrößern!

Hier verzweifelt aber mal
gerade einer am Schlussmann ...

0:0 in Düsseldorf. Hier passiert gerade nix und der Trainer hat endlich mal Zeit für seine talentierten Ersatzspieler.
Trainer, warum spiele ich in der zweiten Mannschaft?
Weil du für die dritte zu gut bist!

2007 fegte der Orkan Kyrill über Deutschland. Bei einem Bundesligisten tritt der Trainer vor die Mannschaft und verkündet: „Das Training fällt heute aus - der Orkan kommt“ Ein Spieler reagiert daraufhin mehr als sauer ...
Ey Trainer, wir reißen uns den Arsch auf und du holst Orkan?

Torschützenkönig in der ersten Bundesliga-Saison 1963/64 mit 30 Toren: Uwe Seeler.
Als Dank für diese Pionierleistung wird Jahre später ein Musikinstrument nach „Uns Uwe“ benannt …

Stippvisite in Hannover. Spielervermittler Enrico Goalzahles ist mal wieder zu Besuch.
...und jetzt kommt der Knaller. Sie können meine transsexuellen Spieler in der Herren- und Damenmannschaft einsetzen!
96
Faulspiel für Hamburg!

Faulspiel! Der Hamburger Trainer bringt den Neuzugang aus Schweden: Lassma Rumstehn.
Der tritt alles um, was sich bewegt. Du musst also keine Angst haben.

Probetraining in Bochum.
Wir zahlen dir erst mal 70.000 und später mehr...
Ich komme dann später wieder!
VERTRAG
BOCHUM
Elfmeeeeeeeeeeeter ...

Wo wir gerade in Bochum waren: Schlechtes Wetter beim Trainingslager des VfL Bochum auf Sylt. Heinz Höher bemerkte sehr treffend: „Es hat nur zweimal geregnet“

Schnauze Ferdi, wir haben …

… Elfmeter! Elfmeter in der Ruhrpott-Arena. Klaas Laas Denballdurch geht alleine auf das Tor zu und wird unsanft gestoppt.
Der Ball liegt nun auf dem Punkt. Klaas Laas läuft an und …

Ok, kurze Spielunterbrechung.

Ich wollte nur eben den Ball holen.
Fußballgott
04

Krise in Köln?
Erst die rote Karte für Hennes,
jetzt das neue Vereinswappen …
Das neue Logo. Für die schlimmste Periode der Vereinsgeschichte.
1. FUSSBALL CLUB
KÖLN

1999 ein kleiner Verein steigt in die erste Liga auf und die Schalke Fans bringen ein schönes Banner mit zum ersten Auswärtsspiel in Unterhachingen …
HURRA!
WIR HABEN ES GEFUNDEN

Männergespäch in Gladbach ...
Meine Freundin will sich von mir trennen, wenn ich weiter mit euch zum Fußball renne.
Und?
Wird sie dir sehr fehlen?
Block D
Tooooooooooooor in der Ruhrpott-Arena ...

Tor für die Königsblauen. Armin Amaretto spielt die Abwehr besoffen und trifft zur Führung.
Heiter weiter zu Ferdinand von Früher.
Sie können es sich denken, hier wird immer noch nicht gespielt, dafür habe ich für sie die …

... lustigsten Mannschaftsnamen aus den bunten Ligen Deutschlands:

Hinter Mailland

*****

Borussia Torgasmus

*****

Dynamo Windrad

*****

Lokomotive Grobmotorik

*****

Ewige Talente

*****

Fellatio Rom

*****

Frisch vom Fass 07

*****

Inglorious Ballstars

*****

Juventus Urin

Apropos Vereinsnamen. Markus Babbel trägt alle seine ehemaligen Vereine als Tattoo auf der Haut: Bayern, HSV, Liverpool, Hertha BSC …
Hoffentlich bekommt er nie ein Angebot aus Finnland von...
MYLLYKOSKEN PALLO ANJALANKOSKI

Da dürfen wir uns wohl bei Mehmet Scholl bedanken. Ein neues Betreuungskonzept für die Liga.
Wir haben Angst dass du dich wund liegst. Ab sofort wird dich Tina auf dem Platz begleiten.
Tinas Pflegedienst
Der Mobile Dienst für die ganze Liga!
Tinas Pflegedienst
Coming-out in München!

Unglaublich! Coming-out in München!
Papa. Ich bin schwul!
Gott sei dank, kein Roter!
1860

Oh, da habe ich auch gleich noch eine passende Anekdote!

Vanderlei Luxemburgo, erfolgreichster Trainer der brasilianischen Geschichte, wurde einst 60 Tage gesperrt. Er hatte Schiedsrichter Rodrigo Martins nach einer Niederlage vorgeworfen, mit ihm geflirtet zu haben …

Latte! Latte!

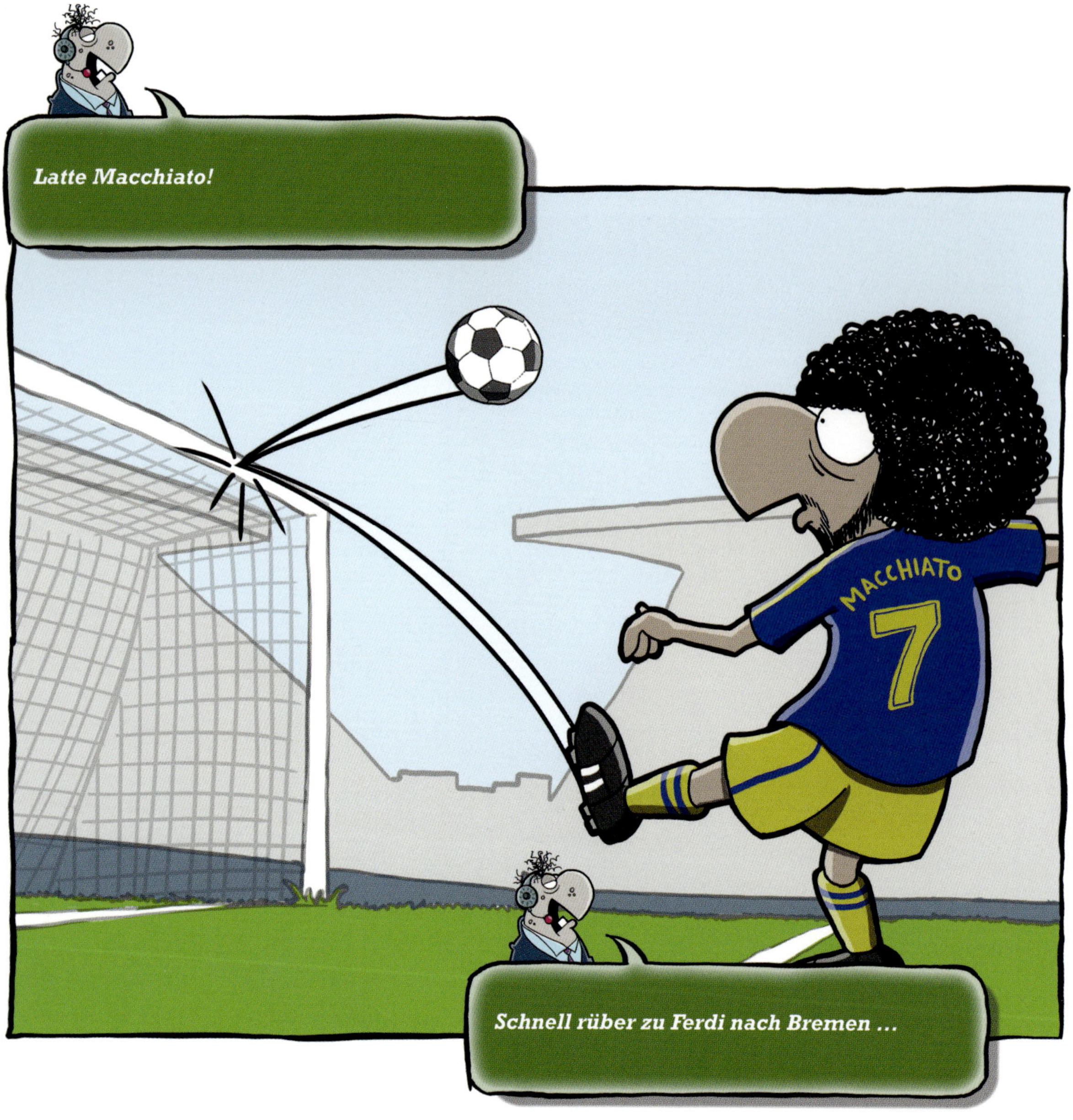
Latte Macchiato!
MACCHIATO
7
Schnell rüber zu Ferdi nach Bremen …

Im Cerveza Stadion erfahren wir in wenigen Sekunden direkt vom Schiri den Grund der Spielverzögerung …
Nur noch einen Augenblick. Ich bin sooo gespannt …

Ist mir egal, dass ihr Platzwart an Parkinson leidet. So kann ich nicht anpfeifen.

Und die Abseitsfalle muss auch weg!
Unglaublich! Da können sich die Offiziellen bei der Pressekonferenz aber auf unangenehme Fragen einstellen.

Unangenehme Frage! Pressekonferenz!? Da fällt mir doch noch eine letzte Anekdote ein …
Otto Rehhagel, Meistertrainer und gelernter Maler und Anstreicher,war auf einer Pressekonferenz von den Reportern so genervt, dass er nur noch Fachfragen zuließ. Die erste Fachfrage lautete …
Herr Rehhagel, wie kann man am besten blasenfrei tapezieren?

Alter Falter. Was war das für eine aufregende Konferenzschaltung. Nichts für schwache Herzen will ich meinen?
RISIKOGRUPPEN HERZINFARKT
RAUCHER
TRINKER
VfL BOCHUM FAN
VfL

Hier noch einmal der Spieltag im Überblick. Zur Zufriedenheit aller, Wunschergebnisse bitte selbst eintragen:

Bayern : Dortmund	__:__
Schalke : Hamburg	__:__
Berlin : Stuttgart	__:__
Gladbach : Brasilien	__:__
Bremen : Leverkusen	__:__
Nürnberg : Hoffenheim	__:__
Düsseldorf : Hannover	__:__
Bochum : Köln	__:__
Freiburg : 1860 München	__:__
St. Pauli : Latte Macchiato	__:__
Winter Mailand : Elke Sommer	__:__

Wir geben zurück in die abgeschlossenen Funkhäuser und …

… bedanken uns fürs Zuschauen.
Das lange Fußballwochenende ist vorbei.
Aufstehen. Duschen!

Feierabend. Ab in die Disco.
Dein neuer Türsteher lässt ja wirklich alles rein.
Der war früher Torwart in der englischen Nationalmannschaft.
EXIT
PUR

Der Spielmacher: Oli Hilbring.

Oli Hilbring zeichnet jeden Montag einen aktuellen Cartoon zum Bundesligaspieltag für die Sportzeitung „RevierSport". Seine Fußball-Karikaturen sind bei „Mein Stadion" auf Sky zu sehen und waren in der „ARD Sportschau", „bei Bundesliga aktuell" (Sport1) sowie Arnd Zeiglers „Wunderbare Welt des Fußballs" zu Gast. Der gelernte Grafiker, Fußball- und AC/CD-Fan wohnt mit seiner Familie in Bochum.

Sportliche Grüße und 'n dickes Danke an Ben, Michael, Dieter, Petra, Miguel, Arnd, Uwe, Jens, Ulla, Ebbe Pfandt, Sascha, Martin, Matthias, Schemmi, Thomas, Heiko, Elmar, Korsakow, Angus, Klaus Fischer, Felix Magath :) der Nordkurve und allen Cartoon- und Fußballfans!

www.oli-hilbring.de/blog | facebook.com/OlisCartoons

Für Ingrid, Lea, Lenny, Marlon & Sam.

Oli Hilbring
fiesbook
ISBN: 978-3-8303-3303-6

Michael Holtschulte
iVolution 2.0
ISBN: 978-3-8303-6232-6

Wolfgang Sperzel
CARtoons
ISBN: 978-3-8303-3326-5

Denis Metz
Vom Winde verwirrt
ISBN: 978-3-8303-3308-1

Til Mette
Guten Fluch!
ISBN: 978-3-8303-3327-2

Miguel Fernandez
SelberToonBuch
ISBN: 978-3-8303-6240-1